日日藥輪

春花媽宇宙藥輪的占卜與應許之書

· 春花媽 著 ·

· Zooey Cho 繪 ·

此書　獻給

　　動物

讓我坦然

　　　孤獨是選擇
　　　愛是日常

春安媽，動物陪伴的人

藥輪的橋，

另一個你。

客蛇媽

日日藥輪

【附錄】
美洲藥輪‧臺灣藥輪

歡迎進入

動物陪伴的日子裡

DAY

1

雖然你只有腳，
但無法阻擋自己驛動的心。
你沒有不衝動的行動，
你想當會飛的人。

DAY
2

蜥蜴喜愛朝太陽吸收光與熱。

當牠前進的時候，

我們看不清，

牠身上是因為太陽，

還是因為急切而高溫？

DAY

3

如果能看見內心閃過的光，
你就不會
急著逃離黑暗的場域，
而忘了自己心中也有光。

DAY
4

欖蠵龜不會用潛魚的速度
前進，
但他們會勇敢地
將頭埋入海水，
探索自己更深層的力量。

DAY

5

那一瞬間 觸動你心的，
是你的情緒。
雖然他尚未被你命名與確認，
但也是你的一部分。

DAY

6

蹬琴老是會挖洞生居的蛭，
跟你一樣
是特別的存在，
你有發現自己是特別的嗎？

DAY

7

你能看見
比別人更高遠的視野，
但是硬生生閉上眼睛，也是
你的一種選擇。

長鬃山羊能在峭壁上行走，
除了是天賦，
也是保障自己空間的方式。

DAY
9

今天
給自己一些時間，
想想自己想要成長什麼，
並且花時間孕育他。

石虎悲傷成長的速度，
趕不上
人類催逼環境的節奏，
你 也會這樣
　　　逼迫自己嗎？

DAY
11

你 能夠想起，上一次
陪伴自己行走的時光嗎？
不為什麼，
就只是為了 陪自己一程。

臺灣黑熊喜歡一個熊
自己走，
他並不覺得
自己是孤單的。

沒有人要求你
必須成為結構的一部分，
　有些人只是提醒你，
其實，你長得跟別人一樣。

雲朵
只是化成 你我 心中的雲，
並沒有消失。

DAY

15

你是發光的，
希望你能理解，
我們都需要一點時間才能
看見你。因為……
你跑得太快了。

DAY
16

梅花鹿再度誕生在臺灣土地，
是因為有先見之明的人
留下了種子。
而身為如今的你，
有想留下什麼嗎？

DAY
17

當你專心一志地往前奔馳，
你想要的是目的，
　　還是過程？
　　你抓的是什了還是夢想呢？

巴氏鐘的严泯霧中
依然能看見旬く的樣貌，
　你在何時、
　　會想要 看見自己呢？

DAY
19

今天是輪輪喜歡日。
送個自己喜歡的
物件與人
陪你過完今日。
然後說：「我真的好喜歡你。」

馬為攻擊人，
是為了維持內心公平的行動，
天秤上的砝碼，
會向不是你的那端傾斜嗎？

DAY
21

來吧～
今天適合跟「誤解」討教討教，
　挑戰一個你平常不吃的食物，
　試著了解它吧～

水鹿吃跟自己身高一樣的樹，
他們從來就 不 以你的高度
來看這個世界。

DAY
23

山椒魚用黏束黏的體液
把自己包得好好的，
你會用你的什麼東西，
來保護自己呢？

真的無法不喜歡你，
但你衝動的淘氣！
老是讓人不安！

DAY

25

黃魚強提著的魚，
沒有存活的才能。
被你追逐的目標，
沒有不累的，
因為你的手法太執著。

DAY
26

你要不要試著
　待下來看清楚，
　螢火蟲的光，
　　　不是煙火。

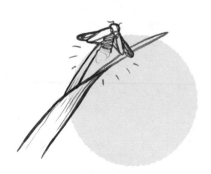

DAY
27

想起一個關於
信任 的感受，
如果有動物在裡面，
也變好的。

DAY

28

慢慢來．
比較快．

DAY
29

不是所有會挖土的鼠都叫
土撥鼠，
也不是兩耳豎立的都叫果子鼠，
在臺灣，會挖土的老鼠叫
「鼴鼠」
唸不出來的字，不要只是有邊讀邊。

DAY
30

當你想要改變大家的時候，
請用你的心，
而非用你的速度。

DAY
31

會讓你出去的舒適圈，
不是舒適圈而是逃失圈。
找出
　　　自己真正想要立足的地方吧！

DAY
32

草蜥曬太陽的時候，
　是全心讓自己發生改變！
　是發燙
　　　不是發炎！

DAY
33

你的房間裡
有再屬於你的物件嗎了
你記得那了是了
對它，仍保有 親密感 嗎？

DAY
34

你想要建構的世界中，
有包含你自己嗎？
洋流無論屬那種洋流，
都以自己為中心。

青蛙會在不同的状態中，

釋放

自己身體

真實的需求。

DAY
36

改變不是背叛，
而是大地媽媽用
　另一種方式提醒你，
　「縫隙中　有光。」

DAY
37

毛毛蟲不會因為
現在不是蝴蝶，
就不喜歡自己此刻的模樣。

DAY
38

財富不是耶穌形之於外，
才是有感的。
豐盛是一種華麗的態度，
而不只是擺設。

DAY

39

老鷹最信任飢餓所引導的追尋，
而不是成為人們口中的天空王者。

能夠愛你的人，
在給予你愛的時候，
依舊是他自己。
你不是也喜歡他本來的樣子嗎？

DAY

41

熊都是獨自冬眠的，

那份孤獨

會是你嚮往的自在嗎？

信任當然也是一步一步練出來的，
而非步步為營、
計較而成的關係。

DAY
43

賴賴隨身攜帶的小石頭，
是牠的安全感、也是頑皮球，
你也有能讓自己安心的
隨身小物嗎？

DAY
44

未知並非危險，
　　危險也可能是來自於
　　　　故步自封，
　　拒拒訊息的時候。

DAY
45

為了冒險穿越裂縫
不會是你要的選項，

但，冒險是人生
常態發生的事情之一唷～

DAY
46

當我提出需求的時候，
不是在說你為我做的太少，
我只是在向你表達，
我改變了。

DAY
47

啄木鳥　在儲存種子時
想的是自己，
就跟你一樣，
所以其他人會不懂
是很正常的。

溝通不是質疑，
而是一種理性的表態。
如果你也會痛、
請理解
　我的心也是肉做的。

DAY

49

官高、錢高、不如自己的狗高。
棕熊跟你都知道。

DAY
50

你想要的
不要總是一個人完成 好嗎？
你的貼心
　　讓我覺得 好孤單……

DAY

51

也許世界的標準對你而言
　　都有點惡意，
但，有時候，
　　當別人眼中的蛇，
　　　　也不是件壞事。

DAY
52

我知道你的選擇都有意義，
所以每個人的表態，
都是跟你一樣
珍貴的訊息。

DAY

53

不想養蟲蟲的話、
那本從國小就留下的寫生本、
看一看就回收吧！

打掉重練不如搬家！
　別用這種方式重來吧！
你一定是想要越來越好，
　　才會改變的。

DAY
55

蜂鳥向後飛 也是一種移動，
只會單向前進的我們，
不一定是進步。

生活中需要調整的細節，
不一定是誰有問題，
可能是無法更動，又好溝通了。
也許不需要的，
我們也無法強留。

DAY
57

兔子透過生產力證明愛，
你用滔滔不絕的行動
證明你有多狂戀。
但～光是靜靜聽著的我
就已經超愛你了嘖～

愛你不一定愛你送的禮物，
但是
　　我還是深深的喜歡你。

DAY
59

今天
試著去一家沒去過的甜點店，
點一塊
沒吃過的蛋糕吧～

DAY
60

家裡的每一個物件
　　都充滿了你的品味與愛。
家，是你
　　　熱切表達愛的場域。

DAY

61

你有著跟螞蟻一樣
微小但超值的力量，
但～你需要先真的
認識你自己。

你可以輕易對事物挹注
你的熱情，
但唯獨沒發現，
自己的身體已經開始冷卻。

DAY
63

想要溫暖就好好說，
你跟晴娟一樣、
需要陽光來療癒你冷卻的身體。

DAY
64

狼是用改變來取代面對，
但更夜的黑暗、每天都會到來，
因為那只是循環的一部分。

DAY
65

太平洋潛鳥只有
遇遇到油污事件、
才會在臺灣被發現。
你也是被發現受了傷，
才會承認、「痛！」

DAY
66

謝謝你 今天逗笑了我，
我真的因為你而開心！
希望你也是。

DAY

67

全世界只有臺灣南投有聲聲蛙！
跟
全世界 只有一個你
是一樣的珍貴。

DAY
68

將愛進行到底

DAY

69

長鬃山羊不是愛走懸崖峭壁，
而是牠牟牟克會的事，
跟你會愛也會怕
是一樣的。

DAY
70

愛不僅僅是不安而已，
也有穩定的部分。
那不是傳說，
而是來自於你的相信。

DAY

71

石虎越来越稀少的身影，
跟你給自己的時間
一樣的飄渺。

做愛是一種溝通方式
不可以忽略，
但不能不計。

DAY
73

臺灣黑熊一個熊在山上，
也會吸引很多的注意，
跟你自以為孤單一樣。
其實牠們都看在眼裡。

如果～保持一點點距離的打尾手，
比較可更使你覺得心動，
不妨就説此咻吧！

DAY
75

金門水獺因棲地破碎而
有家歸不得！
仔因為沒有安全感，
到哪裡都了想找家！

你是不是覺得
　驚喜與意外有點像？
那是因為你太習慣受驚嚇了！

DAY

77

游泳也可以是愛的力量！
活好！也可以是你的信仰。

DAY
78

如果整齊不是你的信念，
就不用偽裝或規矩的自己，
過度控制自己，
　　真的不會更輕鬆。

DAY
79

巴氏銀鮈用混亂打開門戶，
所以……
你用心情不好來面對一天，
也很可愛嘻～

DAY

80

被小事卡住、
並不是掉進陷阱裡。
不需要對不喜歡的事
用全身來反擊，太過勞了啦～

DAY

81

呈現忙碌地收集種子，
雖然是為了自己的生活，
卻也裨益了森林，
請記得自己對好啊～

DAY
82

不喜歡的事情
不用笑著拒絕，
轉身就走！
真的比較帥！

DAY

83

「少鹿是山神」是人説的，
「你是神經病」
　　　　也是人説的，
　　人話並不重要。

假裝自己是群眾的
　　　　開心果，
　也要能成為
　　　看見真相的 小丑。

DAY
85

高山小黃鼠狼
　　不是黃鼠狼，
雙子座也不是雙胞胎，
只是想法很兩極而已。

睡前請留五分鐘給自己，
給那個面無表情，
　但內在有情緒的臉孔。

DAY
87

黃鳥梳整起來的羽毛
並不是耳朵，
你許善良
也不是你好拗的證明。

想要對自己付出的
　心意湧溢而出，
因為
　　我真的很值得被愛。

DAY
89

櫻花鉤吻鮭放棄海洋，
而成為奇蹟，
但對他而言，不過就是
忠實地做自己而已。

壓在你心上的感受叫
心酸。
有感覺的時候，
請記要回應自己，
　　　　好嗎？

DAY

91

鼴鼠銳利的爪
是用來對付土壤的堅硬，
而不是用來面對
自己冷酷的心。

DAY
92

我的快樂來自於
　　戰勝己的敏銳！
這是我最踏實的勇氣！
　發抖的我
　　　超級勇敢！

DAY

93

今天的我相信
「什麼都不做的妳，
　　依舊是最值得被愛的。」
　　請說七次。
　（伯大聲也可以喻♡）

DAY
94

陸龜走過的路
　　就是他的家，
　你認識的人，
不是每一個都
　　值得你的愛。

DAY
95

沒有說出口
不代表不想被理解。
但是你沒說，
真的沒人會懂、
連燒說也不懂！

DAY
96

不上岸的海龜
　　　並不孤獨，
因為他的身就是他的家。
　　為自己而安頓。

DAY
97

哀豔的哭泣
看起來其實不可碟，
只是大聲到
　　讓人更想要擊開心扉！

DAY
98

雷長是一種傳說中的動物，
跟不求回報的人一樣，
是
種
傳說。

DAY
99

我喜歡你分享你所愛的，
　但是你的所愛之中，
　　常常
　　　　包含其他人的選擇。

DAY
100

雖然從自己出發的選擇
才能長久，
但是只想著自己，
有時意味著
你不想看到其他的樣貌。

DAY
101

你想讓別人體驗你的好，
請試著再把空間放大一點。
因為只有你的時候，
有時、我會有點擁擠。

愛是體驗而不是標準，
所以貓可以入群，
也可以是孤狼。

DAY
103

你問我，
外婆跟媽媽誰煮的飯
　吃起來比較飽？

我想……
你忘了先確認
　　我有沒有媽媽？

DAY
104

雪雁遷徙的秩序
　跟你的領導一樣，
不會因為槍聲而消散．
　　消失的
　向來都是非你族類。

DAY
105

美好的標準人人不同，
你的善良
也不是
人人都可以接受的。

DAY
106

美洲獅從黑暗帶來訊息，
對你來說是種打擾，
善意不是用你期待的方式
出現，
　　就不夠好嗎？

DAY
107

我喜歡你溫暖的擁抱，
但……有時候，
光用看的，我就
　　覺得夠幸福了。

DAY
108

河狸建構密密麻麻的家
是為了安全。

你的世界
有因為你的穩定
而更感到安心嗎？

DAY
109

月亮跟太陽的光
　都是暖的。
你是美麗的月亮，
　不用當燦爛的太陽。

DAY
110

拒絕你的人，不是想試探你
玻璃窗魚一樣堅硬的外衣。
他們只是想跟你說，
　　雖然我們不一樣，
　　但我也可以愛你。

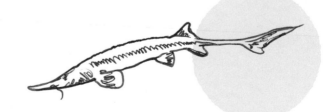

DAY
111

花一點時間清理包包，
裡面有些
　多餘的情感殘渣，
　　　可以丟了！

渡鴉去天堂的時候
心中惦記的是他人的福祉，
而非他人感恩的心。

DAY
113

面對不願意變好的人，
他不是壞掉！
只是培變的節奏
趕不上你的要求。

你跟馬一樣
　　匆忙的奔跑而來，
想要帶來善的行動，
但～時間點也請
　　加入考慮啦～

DAY
115

也許
拒絕你的人
不是討厭你
只是
不知道
　怎麼回應你的標準

DAY
116

海豚純真的心意，
讓他願意靠近人，
就跟你無邪的心思
一樣單純。
但、請記得，
純真並不是心直口快的護身符。

DAY
117

喜歡你溫柔的笑容，
　即便不是面對著你，
　　而是側身與你同行，
依舊能感受到你
　　　強大的同理心。
　願你善待自己。

螢火蟲讓我們
在黑暗中看見希望，
但我現在……
只想躺在黑夜之中，
請讓我寧靜片刻。

DAY
119

每個人都想要
你美善的服務,
特別是你自己。

鮭魚回鄉是為了
　　延續下一代，
而不是讓自己變成
　　永生的標本。
給別人機會，唐現你自己吧！

DAY
121

跟你想像的不同，
不是誰的錯，
而是大家本來就不一樣。

DAY
122

螞蟻的力量是為了服務蟻后，
明白的動物
有著最簡單的行動力，
不假外求單純的付出。

DAY
123

他人的意見會讓你
覺得刺耳！
是因為你的想法太明確，
所以先不用急著對比，
我們先聽起好。

DAY
124

蜥蜴跟壁虎
　都會想尋找光，
　　人也會向善，
只是變好的方式與標準不相同，
　請勿為我們擔憂。

DAY
125

別光用想的，用説的！
説出你真正相信的人有誰！
對自己大聲的説出來。

食蛇龜是臺灣
　　唯一的陸棲龜,
不是因為牠不需要水,
而是牠知道,
　　無論牠在哪裡,
大地媽媽/會同等地愛牠。

DAY
127

　　根在你心中的杂草，
　　　不是真正妨礙社的蔬菜，
　　　請將它放在資源回收桶，
　　　而不是
　　　　　　　筆直的往心裡去。

DAY
128

潛烏能深深地潛到海裡，
是因為他清楚地相信，
他的羽毛不論

在水裡或是在空氣裡，
同樣都能保護自己。

DAY
129

夏夏，
你拒絕的文字很好聽，
因為你總是清晰地
說出自己受傷的痕跡。
你不叫囂，
而我想陪伴你。

黑嘴端鳳頭燕鷗
稀少到讓人忽略！
但喜歡的人永遠會追尋，
你也是值得被珍惜的稀有存在。
而珍惜的人，
也會一如既往地愛惜著你。

DAY
131

你所相信的事情，
真的會有人懂。
因為這世界上，
一定至少有一個人，
他的想法跟你一模一樣。

竟尾風喋
　一菜又産下一邪，
跟你的夏心一樣
　　珍貴而罕見」。

DAY
133

邀請你在今天花五分鐘
檢討自己的脆弱，
並非要你批評自己的軟弱，
因為你的善良很要心，
並不是沒原則的濫好人。

DAY
134

石虎會在行經的路上
　　留下排遺，
以證明自己的存在，
但……你用安靜的聲音呼喊，
又會得到無聲的回應。

DAY
135

心中的黑暗 引導你
靠近智遊之事，
是因為 你懂得
月亮是黑暗中的光。

DAY
136

黃羽鸚鵡雖是你沒飼過的動物，
但，還是可以去認識一下，
陌生永遠不會傷害你。

DAY
137

有點太短的指甲
可能洩露了一絲你的心聲。
不必回應別人的觀看，
因為你明白自己的選擇。

究竟是 被 獵捕殆盡
　　還是 因 背叛而滅絕？
　　　你的堅強
　　是因為未然的慾望，
　　　還是 逃避受傷的選擇。

DAY
139

今天最棒的冒了險是
為自己的妻座，認真地負責五分鐘，
我們一起
不躲避那份情緒。

風頭落處　能夠所居都市生活，
還以不選擇當人是一樣的事情，
我們都懂、
在哪裡可以好活。

DAY
141

討厭重複的步驟，
　是因為看起來很笨嗎？
可、在我眼中，
　　煉化本事的汗水
　　　　相當迷人。

你知道嗎？

承杰雖然不是醫生，但、

他是會種樹的大慈善家，

你也許無法完全治療你配，

但你更好！更好！更好！

可以對自己更好一些。

DAY
143

你有喜歡的人嗎？
今天試著跟他一起完成些事，
檢視你的喜歡吧！

DAY
144

果日對你來說太分明，
今天不妨看看星猬，
少少的白點在他身上，
讓他看起來更清晰的人，
沒有壞，我們都好不起來。

DAY
145

會傷害你的事情，
　都是一種路徑，
　提醒你　不要避開你自己。

DAY
146

不能肯的樹，切鹿不貪戀，
沒有成果的事，你不會去做，
我們都很了解自己，
所以，

不如認為自己是自私的。

DAY
147

讓你不戴面具
　　而想要靠近我，
是你更心喜歡我，
　　你的真心，無可取代。

DAY

148

白海豚並沒有成為媽捏魚而餓死，

掌握權力

並不會讓你更安穩，

請 理解自己的需求。

DAY
149

不是我們不懂你，
是你 不給我們一丁點線索
去
看見你。

DAY
150

你如同螢火蟲
為別人引導，
是因為
你也跟我受過一樣的傷。

DAY
151

你不相信愛，
但我依舊愛你。
因為我已經感受到，
你是愛著我的。

DAY
152

金黃鼠耳蝠蝙不是
壞掉的蝙蝠，
「蝙蝠都是黑色的！」
是種偏見」。
跟你對自己的偏見一樣，
都是假消息。

DAY
153

你最禮貌的聰明是
　　　　保持距離，
但內心的智慧提醒你，
靠近　才是真實的力量，
付出不是只會痛而已啊！
付出也會收穫你想要的愛啊～

螞蟻的溝通是用
觸角來觸碰，
人與人之間的互動也需要
更多的交流，
才能逐漸
　　　增長信任。

DAY
155

若是把硬骨當成了盔甲，
隔絕了受傷的可能，
也放棄了內在感受的 發散……
別忘了。會痛的你 跟
會笑的你
是一樣可愛的啊。

輕輕想起，
　當初相遇的畫面，
以及打開包裝的樣子，
　喜歡的感受
　　讓你變得好美麗。

DAY
157

職場跟陸龜喜歡的土不一樣，
但他們都清楚地知道，

自己喜歡什麼。

DAY
158

花很長的時間
喜歡一件事情、一個東西，
你就會擁有
踏實的幸福感。

DAY
159

即便是長久的喜歡一個人，
有時在心中還是懷揣著不安，
就跟海龜被磁感吸引一樣，
此刻的感受，
不一定能引導一輩子的追尋。

決定愛你的時候　有點委屈
　　大概是因為
　　　自己的需要沒有被滿足，
親愛的，
　　　你要先問自己，
　　　　你想要怎麼被愛著啊！

DAY

161

雷亨看不見青蛙时嚇叫！
　不能相愛的物種，
距離才是最好的關係。
　所以
　　　不需要每個人都喜歡我。

我愛你的時候有點小氣！
因為 我必須先自私的愛自己，
才能
踏實的愛你。

DAY

163

將自己全身奉獻給人類的
向日葵，
行走在春天裡，吸引蝴蝶的到訪，
他們在交換
季節豐盛的訊息。

DAY
164

當你願意抬頭看向目標，

　然後開始提升自己的高度，

　你會發現

自己可以獲得的豐盛

　　　也會越來越遼闊

DAY
165

狼跟鷹 會競爭同一物種，
　因為牠需要的東西，
　誰都不需要謙讓。

DAY
166

將所愛的
一個個收納到
自己的房間，
也是一種張而有力的展現。

DAY
167

雪雁渡冬的方式是移動
熊則是冬眠。
經歷孤寒的方式有很多、
你知道
自己適合那一種就好。

少類和海豚員用手掌拍著水，
是他們最擅長的力量，
而力量來自於　踏實練習。
千萬次的手感。

DAY
169

訊息不會以無法理解的方式
經過你的生命，
但是接受叩問
是你要練習的暫停。

牛再勇敢也不會襲擊美洲獅，
真勇的力量，勢少是
充分評估後的行動。

DAY
171

現在你最喜歡的事情，
小時候的你也喜歡嗎？
長大的路上，
你是更了解自己
還是學會慣性放棄自己呢？

　　被啃過的樹　被
　河狸撿去築霸，
他們都拿自己真正需要的
　　而不是自己想要的。

DAY
173

越來越有理性的腦袋
有讓你覺得自己是穩定的嗎？
如果沒有，
你的綢緞　是不是
一種欺騙自己的把戲呢？

鱷魚的硬殼不是殼
　　　是角質，
就跟你的後腳跟一樣，
　是因為沒被你照顧好，
才會厚到　沒感覺的。

DAY
175

變好子不是靠物質的累積
才能證明，
你的選擇足以證明你的樣貌。
有錢不一定富足，
貧窮不一定匱乏。

身而為蛇 是一種純粹的修練，
非要不斷地蛻皮 才能活。
　無法有意識地捨棄過去，
就可能會在變身的時候 死去。

DAY
177

你所喜歡的事情，
真的可以分享給世界，
不會只有你自己喜歡而已啊！
告訴我吧～

洗臉洗手
是為了更好地掌握訊息。
好好握着自己的手，
也是為了
更真實地感受自己的存在。

往昔家的抽屜
獻我久遠的回憶吧！
那個還沒被你捨棄，
卻已被遺忘的過去，
是你生命微小而溫暖的
火光。

DAY
180

蜂鳥　從不覺得
　　自己往後飛有多神奇。
他只知道　有進有退的移動，
　　才能獲得更多。

DAY

181

當你能充滿覺知的觀看自己，
　你會發現
　　自己其實充滿迷人的驚喜。

DAY
182

兔子能躲避
　　貓頭鷹的獵捕，
因為他看見的路，
是通往「生」
　　　而非連接恐懼。

DAY

183

鮭魚返鄉
　是跟隨自己的生之慾望，
　　要把自己的好傳承下去，
而不只是
　　　單純的回家而已。

DAY
184

我想把自己喜歡的
都放在我身邊，
還有　我心裡。
所以　我要把　心　長得跟
藍鯨　一樣大才行。

DAY

185

老鼠並非生活在暗處

月亮

也是他的光明。

懸賞收穫是愛與食的並行，
兼得並非貪心，
而是品味的展現。

DAY
187

公平不用討好誰，
而是一種將心比心的靠近。
真活 才能 芬榮。

食蛇舞　夹住牠的時候
　　　　並不會後悔，
而是求生的表現。
捕場謝尾不是損失
　　　而是重生。

DAY
189

我看見的美好，
與你們集體的善意並不相干。
不求並行，
但我 不相打擾。

海鷗看著海狗對灣魚，
彼此都知道不是同類，
又是剛好相遇而已。

DAY
191

一步一腳印 累積 自我價值，
　是與自己對話的過程，
　而非要向外界
　　　　證明自己存在的行動。

神話之馬　眾喵端鳳頭燕鷗
　　　　都已經現身，
　罄竹難走也被看見了，
關於「我們善良是真實的」
這件事，怎麼仍是個傳說。

DAY
193

一粟又生一子　是
貪尾氣喘　負責任的方式，
單純得讓人心疼。

忘記好的體驗，
不如忘記你擁有幸福的能力，
希望讓大家變好的你，
是不是太過要求了呢？

我真的常這樣問自己。

DAY

195

長鬃山羊 跟 鷹鷹
都活在陡峭的山壁之間，
　驗證自己判斷環境的能力，
　但只有他們自己才知道，
　　是否能跨越這個考驗。

如果有課程　可以教會成人
　　　自私的愛自己，
我願意、豪擲千金去學習，
但我真心希望
　　　眾人皆豐盛。

DAY
197

石頭 與 黑熊 行經的路，
都會留下痕跡，
那並非邀請的腳印，
而是保持距離的宣示。

你也有放再己姿態的記號嗎？

維繫自己的規則，
　才能服務人群，
因為你也在人群之中。

DAY
199

群居的黃羽鷦嘰喰 嘎 水獺，
都能在群體中找到
自己的位置，

因為 孤獨
不是他們暮圖的選擇。

你覺得自己是滅絕的物種嗎？
想要留下的人，
是不會看著失望、
　　而又期待活著的。

DAY
201

雲的呼吸過以接氣，
風頭蒼鷹也還飛著，
也許我們看不見，
但該知曉的不曾被忽略。

如果你不能邊睡邊游泳，
就知道閉氣是種
破功的練習，
而不是百害的訓練。

DAY

203

可愛的梅花鹿已復育成功，
但長得像老鼠一樣的水鼯
　　　　　　　卻仍瀕危。

你也會因為「外表」
　　而忽略了什麼事情嗎？

如果深深的控制
可以 安撫你的不安，
　你就不用花時間
　　深深地看入他的眼睛，
去尋求你也不相信的認同。

DAY
205

啄木鳥一輩子都
不曾吃動過巴氏銀鵑，
　因為他們生活在不同的環境，
　用不同的採覓生活。
有時你也要的要明白，
　你跟別人要的不一樣。

你真的用盡全身的本領
　來對抗這世界了嗎？
還是你只願用你所擅長的，
　來面對　不斷改變的
　　　　　　　世界。

穿山甲 可以捲曲身體，
也能用手爬樹，
金錢吃 可以夜行，也能日走，
對於身體的運用，
我們都必須竭盡全力。

DAY
208

選擇你會的去做
雖然比較快，
但世界未必會跟著你
行動。

DAY
209

水鹿低頭喝水的時候
　　遇到了山椒魚，
他們都知道，
享的不會只屬於誰！
只有 我屬於自己。

DAY
210

有時候　孤單
　　　不是因為大家忽略你，
　是你沒有聽到大家的聲音，
　　請讓你的耳朵，
　　真真確確地　打開。

DAY
211

　　白海豚本來應土居在近岸
草鴞本來應活在那片草原，
　　　因為人類
　　　動物就什麼都
　　　　　　不能擁有了。

DAY
212

沿著變好的路徑或長是
　　　一種豐盛，
沿著自己的形狀
　了解自己的凹凸，
　　　也是一種浪漫。

DAY
213

櫻花錦小勾雞　唄　金黃鼠耳蝙蝠

都跟原本的族群不一樣，

因為更適合自己的演化發生時，

群月彳猶是

你應得的回報，

平等的對待愛就好了。

真正的公平，
來自於你對自己 完整的善意，
你本應該得到
自己的認同。

DAY
215

鼴鼠會經過螞蟻的家，
但不會去挖掘他的巢；
動物在黑暗中只會更
謹慎行事，
而非被恐懼掌握。

DAY
216

以工作為唯一目標的媽蟻，
不論環境如何都能生活，
因為對牠來說，
「活著」cc「活好」有趣，
如果你想要活好，
先找到你的有趣。

DAY

217

渡鴉 被定位在 群鴉飛遷 之中

請了解

群體是你的養分，

不是擠壓你的重量。

有什麼比誤會更討厭？
那就是被連
　你自己都不屑的價值觀
　　　　　　綁架了！

　冷靜下來，
　　我們回去自己的窩吧！

DAY
219

隨舞 與蝴蝶
都能安靜的原地上爬行，
因為 重要的訊息．
都來自地底，
不是來自於對方。

DAY
220

躺下的我們
值得如是安靜的夏夜。
認清世界的狹小，
不需阻擋我

　　　內心放大的平靜。

DAY
221

潛意把戎們拉進深深的海底，
海龜輕輕特戎們帶出水，
以經歷一切計戎們，
知道起落的意義。

DAY
222

恨是一種調節起離的情緒。

放的太好會生鏽，

拿出來放着還可以反光，

也能練練鋭利的眼光。

DAY
223

青蛙叫得再大聲，
也趕不上颶風一般的飛翔，
本來你我重視的焦點
就是 交
集 的。

了解互乙相信好善不是惡意，
　但是刻刲大家面前
　　卻變成又後的偽善，
　就算明白這樣好距離，
　　我還是堅持選擇好的禮貌，
　　而非 屈就於 你好標準。

DAY
225

白野牛 與 蝴蝶在神話中
都將自己的全部奉獻出了！
那你為了自己的幸福
奉獻了什麼？

知道真相時我可以飛行，
但世人卻沒有聽過
會飛的人，
再怎
也無法向我說明。

DAY
227

愛最大的力量：
讓我不斷看見自己的無用。
卻依舊
死命為愛掙扎。

夾藏會在睡覺的時候
　　　　　重建自己的身體，

我睡覺的時候，
　　也在黑暗中整理自己的秩序。

DAY
229

無法被認同的異端者
跟 似過去的叛逆
　有著 相同的笑容，
原來。
　　青春會發生在每一段
　　　　人生裡。

DAY
230

被海獺用貝殼打開的牡蠣
當牠看見光的時候，
正是 死亡的時刻。
真相。大概就是那樣的
刹那。

DAY
231

我只是安靜地等自己清醒，
不是閉眼等死，
所以才讓過多的訊息、
　　不斷經過我停滯的心。
「活著」不只快樂一種聲音而已。

DAY
232

穿越裂縫的紅髮
　　不曾分心看我一眼，
如同在悲傷之中的你，
　　不曾停歇哭泣。

DAY
233

當河狸啃樹扮時
己看見整個能保衛自己的家園，
　能彰顯自己的價值，
　不必問家能在哪片事奚，
　從他內口中、手中，
　　　不斷被創造出來。

鹿是一種「路」
　當他每次抬頭向上望，
　都勾勒出　希望。

DAY
235

我以為 控制是種
聰明的虎求！
但為了讓自己活成
剛好不給人添麻煩的樣子，
是否 反而
成了自己的累贅？

到生肉結痂是種傳說的生物
就跟關公刮骨療傷一樣
要不怕痛、
才能活存書裡。
但現在都已化了、怕痛
可能也過時了。

DAY
237

棕熊是所有熊的祖先。
但～把棕熊放到任何地方，
他都還是他自己。

DAY
238

所有人都比我自己
更了解我一般地解說著我，
　　我連回應都來不及，
又能用無語的目光
　　　回應人群。

DAY
239

往前邁動的目標是為了休息
而不是為了繼續奔跑，
適時停下來
才能好活。

DAY
240

我想吃下失憶土司
忘記每一個恥辱的瞬間，
　　都二十世紀了
　　大雄還沒找到哆拉A夢嗎？

DAY
241

第一個讓我心動不已的擁抱
我們用全身記憶著
只是你的臉
卻怎麼也想不起來……

再小的蜂鳥都可以
　　　　倒著飛，
但我卻相信
人一生都不能後悔。

DAY
243

哭到吼出來的時候
　　就是跟自己和解的開始。
　哭吧！
哭到連自己都變得不成樣時，
　我們就可以找回
　　自己真正的樣貌了。

兔子會挖三個洞是
相信大地，不是看輕獵食者。
已經是敵人的對方，
不會施捨多餘的仁慈。

DAY
245

友誼可以活在狼狽裡，
也可以苟頑活在荒野，
他最棒的彈性，
是善於察言觀色而來的狡猾。

假使蝸牛能在鯨魚身上行走，
他不會懂那是誰，
因為如同瞎子摸象。
但牠懂牠自己，不管活在哪裡，
都靠自己的力量。

DAY
247

冷冷的天，你幫自己準備的是
在外禦寒的衣服，還是回家
好眠的暖毯。
生命中有多少時間，
你會先想到自己？

DAY
248

願她舞陪你
　一起關注腳下的土地，
臺灣草山陪著你
　一起迎接冬日暖陽

　　　　照入你心。

DAY
249

不小心失眠的夜
　想不起來是因為咖啡因，
　還是因為荒蕪而清醒，
　　　其實
　你只是想要擁有你自己。

DAY
250

潛鳥說

莫忘在黑暗中的你

也能自然呼吸

一如日常

DAY
251

有點想哭，心情跌落谷底，
你知道嗎？
藥輪說：
「悲傷大吉」

整塔蛙與你一樣罕見，
知道你獨一無二的人一樣稀缺，
是否能從你
開始知曉你最特别。

DAY
253

今天適合深深深呼吸，
你會發現，
自己與珍貴的寬尾鳳蝶一樣
擁有　飛翔的能力。

有些回憶就像吃書商數量，
想念就點來吃～
這行有規範吧！

DAY
255

既應喚長聲山羊郡住擔長
在陡峭山壁中，

找到自己移動的空間，
因為他們隨時都在
觀察自己位於何處，

那你呢？

今年最後一個月的第一天，
你有力氣看一下
年初訂定的計劃嗎？

DAY
257

石虎 與 黑熊 都是夢幻般
　　難得親身看見的野生动物,
　夢想 與 幻想
　　都是來自於你的脑,
　又要你能分辨, 就不需要為難自己.

不管今天是星期幾，
都是你可以
喜歡自己的一天，
我們一路愛到世界末日吧～

長雪之月

12月4日

DAY
259

黃羽鸚嘴長得很像麻雀，
歐亞的分類 也是全世的分類，
你看得懂的世界
才是真正能跟
自己溝通的世界。

或許是失聯的朋友出現了，
也可能是一個被忽略很久的訊息——
　　　　　　點開了……

你需要回應的並非對方，
而是你過往的心意。

DAY
261

雲釣現在能夠出現的地方
不在雲裡，而是在愛裡；
鳳頭荅應即使不待在森林裡，
能夠活在都市中。
　選擇不同
　　就有不一樣的活法。

洗澡的時候有發現自己的手
可以輕易地撥開水嗎？
用雙手創造出你要的水花
是因為我們從小就擁有
重建世界的天賦

DAY
263

臺灣水鹿跟梅花鹿
　　都是傳說中的動物，
但後者如今已遍布全臺。
我們是否也該學習一下，
梅花鹿他那
　　大到不可思議的彈性？

想攔住自己不失控，
以避免再次受傷。
但在花時間克制之前，
要不要先確定，
冷漠的目光 夏的是
你想要給自己的注視嗎？

DAY
265

大斑啄木鳥治療森林的方式，
是種下更多的種子。
北銀鷗保護自己的方式，
是用湯水掩蓋自己的身影。
面對傷口，
你是想要治療，還是繼續隱藏呢？

滿身的創傷又在
　　發炎潰爛，
你哭到連眼淚都空心了⋯⋯
如果你自己已無法緩解任何事，
今天　試著
　　　保持沉默就好。

DAY
267

斷腳的穿山甲
依舊可以攀爬樹，
失去同伴的星鴉
會尋找新的同伴繼續飛行。
你願意相信自己的勇氣，
足以突破現在的困境嗎？

DAY
268

連續幾次跌落情緒谷底，
讓飞不覺得都快得憂鬱症了！
活而不能自在，
連死也不能，
滿滿的絕望正包圍著你，
而我也是被它圍著……

DAY
269

就讓牠盤繞在手上，
代表你內心正搖擺不定，
小責鼠根並不是大對狼，
　井縮也不會是兔，
但了解的東西
　　在牠們心裡都一樣。

你們討厭的人，
不是因為你心眼小才出現，
是他自己
唐突出現在你生命中，
既失禮又不主動道歉。

DAY
271

南湖山椒魚又能活在南湖，

八色鳥一年又來臺灣一同，

他們都喜歡這樣的生活，

因為 侷限並不代表被困住，

他們 仍是 自由的。

用你的肉體感受悲傷，
　才能擁有足以穿越悲傷的
　　　　深邃目光。
　因為你是活著的。

DAY
273

黃魚鴞 用大娘娘抓住獵物，
臺灣黑熊用乙字爪甩開敵人，
這都是千錘百鍊的智慧，
成長得來的經驗，
跟你一樣都是無可取代的。

DAY
274

原本讓我經歷時間的刻劃，
　變成現在的我，
然後我才明白，小時候作文裡
寫的我。是「別人」想要的我。
而現在的我，是我想要的「我」。
　　今天很適合擁抱自己。

DAY
275

櫻花鉤吻鮭 跟 大翅鯨
都來自大海，
一個往上躍，一個往下潛，
但不論哪個方向，
都了自然悠活。

長雪之月的最後一天，
我想邀請你
跟我一起看看自己的內心，
該哭就哭嚎、
該笑就張狂。

DAY
277

你想要用你的秩序
　　建立這個世界，
請先理解　自己想要的樣貌
也可以融入這個世界，
　不需　勉　成全。

臺灣草蜥會用尾巴圈住草，
然後放鬆地吸收
太陽的炙熱而睡去。
你真實也可以
放鬆而安全的。

DAY
279

探索潛意識
　　不會使你變得脆弱，
　你會成為 鋼鐵人、
　而不是生鏽五多。

海龜的眼淚
不是情緒而是淨化，
辨識仔也用淚水
淨化自己的疲憊。

DAY
281

情緒只是一種
你不擅長使用的工具，
但真的也很好用。

DAY

282

雷鳥是神話中的動物，
　你的勤奮
應該也是公司裡的傳奇吧？

DAY
283

如果你發現……
大家對於你的好意都有些抗拒，
那可能是因為，
你的善意讓人感受到
　　要交換的事情太多了。

百野牛跟你一樣，
都是犧牲自己成就世界的動物。
你相信……
　動物會為了人犧牲嗎？

關於你不會飛行的事實，
你可以從想像開始練習。
具體事物能帶給你的力量，
靠想像也是做得到的。

狼說：

我用你可以接受的方式
　愛你的時候，
真誠　永不是放在
　　　　最前面的選項。

DAY
287

良好的睡眠
可以帶來清晰的訊息，
責任感

不是你最佳的床伴！

海獺說，今日宜休息。
最好是什麼都不做的那種，
特別是你的大腦。

不能被解讀的訊息，
不是錯誤的訊息。
陌生的存在是有機會
　　讓你變得更堅強、更完整，
並非在提醒你漏掉了什麼。

DAY
290

紅隼帥氣翻飛在天空牽翔翔，
對你來說，
就跟闖紅燈一樣危險吧？
但是他沒事。
你的內心卻受驚了。

DAY
291

好好整理你的心，
跟整理你的辦公桌一樣重要。
同樣會讓你變得
　　　　自己是大家的依靠。
你的心　也是大家的燈塔。

DAY
292

鹿會把握休息的時間睡眠，
你會把握能付出的時間工作，
鹿變健康了，
那你呢？

DAY
293

失控點
　　就是成長的空間。
　　不是你做錯，
　　而是你長大，
　　　可以變得更好了！

DAY
294

鱘魚的硬皮是用來保護自己，
　但不以硬脾氣，
　是用來對抗這世界，
　　而且還會感受到疼痛；
因為　你本來就是會痛的呀～

DAY
295

用你的品味
點綴而成的世界，
真得變得更加美好了。
謝謝你。

DAY
296

公平是一種約定俗成的共識，
所以可以慢慢得到多數人的支持，
　　但是不是現在就得接受

DAY
297

誤會發生的時候，
　請好好好誠真的道歉，
也好好守護自己被欺瞞的心。

　因為你的心
　　　也是肉做的。

白色的馴鹿是一種奇美的體驗，
但人人都只要定那份奇蹟。
唯有你 看出了 百化的百
夏賣是一種錯誤，
而你了解 那才是 夏賣。

DAY
299

試著練習用不同的方式
　　跟同樣的人溝通，
你會發現
　　事情可以做得更好，
說起話來也更有技巧了。

海豚像孩子一樣
　　只服務自己與群體，
　　你卻很早就像個大人，
　富有責任感地為社會貢獻。
　　但別忘了，
　　　　你我都曾經是純真的孩子。

DAY

301

也許你是引導大家
前進的智慧，
但是，大家並無法如你一般地
心口如一，
又充滿行動力。
等我們一下下，好嗎？

你知道嗎？
螢火蟲的微光
也是一種引導，
黑暗中
也有訊息。

DAY
303

用愛發電，
有時會比你用力發電
　　　　來得更有效率些。
下次不妨嘗試看看。

對你來說，
鮭魚花時間回到出生地
　　可能是種浪費，
　但是面對變化時，
　初心更的最珍貴。

DAY
305

就算你固執地用自己的方式
來愛世界，
我們一樣感受到你的愛，
只是可能不會向你說
「謝謝你，我愛你。
希望你不會介意。

DAY
306

你的宇宙不在地球裡，
格格不入是你的選擇，
世界並不冷漠。

DAY
307

食蛇鷺可以
生活在離水的區域，
但是 你需要水的滋養，
今天請 多喝水。

DAY
308

自在的游入潛意識地心
是你擅長的姿態，
是多數人未曾嘗試的冒險。

DAY

309

海龜有七種，
你卻只有一個 你沒了
就是一種滅絕，
雖然或許你
不這麼認為。

情緒不是用來強化
你特別的表徵，
而是你太少意識到
自己也有情緒的
警告標語。

DAY
311

黑冠瑞鳳頭蒸鶸

　每次回到原祖群要重新築巢，
風經過時，巢也得重建。
　　有能力重建的我們
　　　不怕被摧毀。

你的美麗很特別，
特別到　像是
缺乏說明書般讓人
　　　　　難以理解。
而你可能也不想被看見。

DAY
313

山羌不是山羊，你知道。
但是你不想說。
那你知道⋯⋯
你跟其他人不一樣。

休能在一粒沙
　　探索世界的真理。
　請讓我知曉，
　微小卻貫穿宇宙的真理。

愛是一種智慧，你要聽我說。
這句話是雞肋、不是雞湯，
但你若不信，
為何還要說出來呢？

心情低落時，
請在黑暗中清醒的探索，
而不是當成關燈的臥房
封閉　安靜　休息。

DAY
317

試著用世界的語言做點事，
請　為你自己。
　　你也許會發現……
　　有時候你還是需要人的陪伴。

DAY
318

你不是瀕危動物，
是你自己認定
　　世界上 沒有 了解你的人。

DAY
319

鳳頭蒼鷹 選擇在都市生活，
他們存活的數量
也別的應多，
但起宅的數量也多，
選對 才真的適合你。

有一個專屬於休的
　　　安穩角落，
可能比豐厚的存款
　讓休感到安心。

DAY
321

旺盛的生命力
也是標誌意復育成功的事件.
你知道自己的身體
是可以為你所用,
以幫助你在這世界上
活得更好的吧!

難得想要掌握全局的今天，
試著
　　做到配的建議吧！

DAY
323

巴氏銀行　雖然己經瀕危，
但還是堅持
　　用自己的方式過活，
　　　　你也是。

DAY
324

今天完全是休的日子，
全 都選自己 喜歡的吧！

DAY
325

煩惱 啊! 不是因為你壞,
你抱怨 他的無理,
不如 找人 解決你的問題。

DAY
326

不管今日是第幾次
　　被誤認為難以理解，
其實　你都是第一個
　　誤會自己　是　難以理解的人。

DAY
327

因為相信自己的判斷而活，
你相信 活在自己的空間
才能自由，
自己的自由 你本來就擁有，
與世界無關。

今天適合放慢速度看自己。

是不是真的很累了？

你需要有品質的休息喔～

DAY

329

白海豚的稀少，
他自己並不知道，
　所以他跟你一樣，
只會持續地
　　　　取悅自己。
因為「愛自己」最重要。

DAY
330

你可以清晰的看見，
　並且保持配變世界的距離，
但不要　讓它成為我寞的藉口啊！
　又要你跨出來，
　　世界就離你不遠了.

DAY
331

就像 螢火蟲 能自由控制
自己的光，
你有一樣靈巧的手指。

DAY
332

今天適合成長一點愛。
　請對著你所愛的說，
「我愛你，我真的好愛你。」

DAY
333

臺灣也有百色的蝙蝠，
　　如果你見到他
　　　　覺得很親切，
　那是因為
　　你也是我們的一部份。

DAY
334

如果你已經
　　體驗到 累掛的感覺，
　並非還沒死的你很堅強，
是你真的
　　很不想要 照顧你自己。

DAY
335

媽嫩是一種力量。
但你常讓他只是經過你的生命，
然後繼續貪戀著
睡眠休息。

你相信純粹
　你同時要求純潔，
　戀情無瑕的狀態
　　其實也包含了缺點，
因為圓滿
　　　　真的是什麼都有啊！

DAY
337

陸龜不被土地限制，
是因為他的心沒有規範，
只有當下的需要，
引導著他的前進。

DAY
338

接受到很多訊息時候，
必須先耳全聽自己，
才能明白
訊息靠近你的原因。

DAY
339

當小海龜南下生長太機時，
又要想著
回到畜乳自己的海洋，
就會被生機圍繞。

DAY
340

青蛙的叫聲不只是提醒，
也是清晚的笑聲。
就讓情緒溢出自己的心，
變成身體的展現。

DAY

341

不了解自己不是背叛了自己！
誰都需要時間
　　　　才能了解一個人，
更何況是「自己」這個人。

DAY
342

蝴蝶在成為漂亮的蝴蝶
之前，

也曾是毛毛蟲。

所有的美好
都需要時間的淬煉。

DAY
343

當你以為迷路的時候，
就是你開始了解自己的
曙光時刻。

DAY
344

今天試著走快一點
快到有點飛起來的感覺，
　像鷹一樣飛起來，
今天就讓你的肉體
　　　帶著你的腿跑吧！

DAY
345

很好愛有時看起來
形單影隻，
因為他先會愛自己
才會自由的相愛。

DAY

346

請在憂鬱的時刻，
幫自己點一盞照明燈。
可以平庸些，
也可以本心些，
記住 動物也是願意
　　　陪伴你的呀。

DAY
347

有意識地整理
　分類自己的心情，
　想像自己如雪雁飛行
　　一般地有秩序。
你就會發現自己的
　　　　療癒能力。

睡吧！
今天京是應該要寵愛自己，
闡掉鬧鐘！
好好睡囉！

DAY

349

牟是　小小的鷹

你是　小小的愛

DAY
350

那種是讓你身體可感的
　　　　　安全居所，
就讓那樣的安全感，
再度　滋潤你的身體吧！

DAY
351

愛有很多種說法，
不是能說服你的
才是
是
愛

DAY
352

喉木愿媽媽
　擅長當母親的時刻，
ee當太太的時候多上很多。
　你也想變成這樣嗎？

DAY

353

今天 請試著
對別人說
「請幫助我。」

你很棒！
即使什麼都不做
　　　你依舊很棒！
你絕對不會
　從這個世界 與 我的心裡
　　　消失。

DAY
355

渡福是全聚灯返，
因為創物者讓唷美，
也成為一菜
愛的展現。

我誤解你
但是我不想說 對不起
我只是想說 我會試著懂你
所以
我跟你還有距離。

DAY
357

總會在陌生的土地上
勇敢的奔馳。
值得你探索的愛，
也許也會在那些
陌生的場域裡發生。

愛你不是權力的表現，
是我願意　為你
　　渺小的表現。

DAY
359

被 蚯蚓 鬆動的土地，
是大地的柔軟。
而在你心裡
也有同樣的地方。

拒絕你並非否定你，
而是想以另一種方式，
讓你看見
更完整的我。

DAY
361

貓頭鷹也有很多情緒啊！
不然深夜的啼叫，
難道是叫我們起床念書呢？

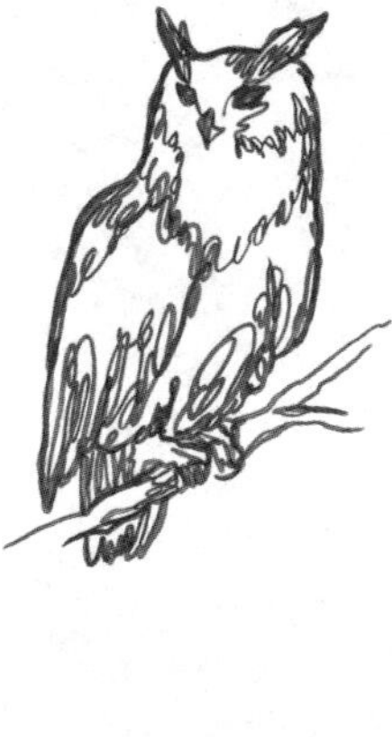

不想要妳的時候
也請妳說出來，
會跟妳說「妳愛我」，
一樣美好。

DAY
363

蘇黎世堅持要回到
原地生產，
是喜歡？是愛？
抑或是全然地
信任自己呢？

DAY
364

藥輪說，今天
適合體驗
一個挫折的
過程。

DAY
365

黑暗的旅程之中
休的心
是迎向世界的地途。

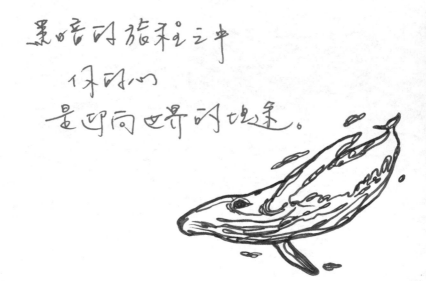

DAY
366

走闖是動物世界裡，
力量的一環，
你也是人群中，
不可或缺的力量。

我是圈圈，我療癒你。
你是圈圈，你療癒我。
連接我們成為一體，
連結我們成為
一個圓。

美洲藥輪

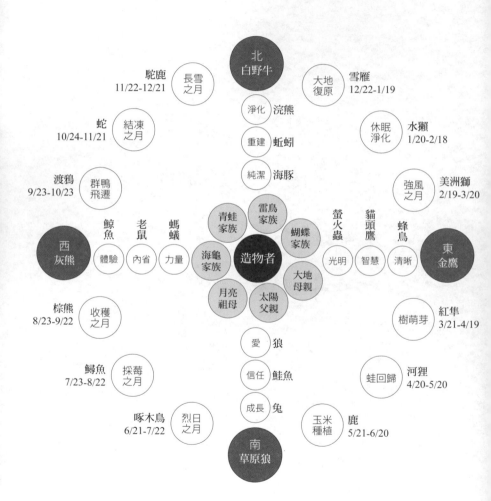

臺灣藥輪

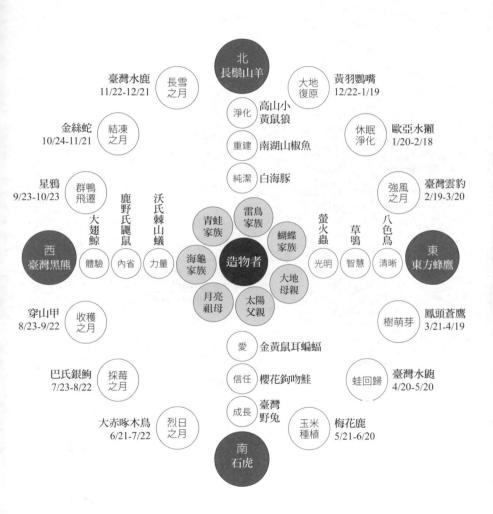

日日籤輪
春花媽宇宙籤輪的占卜與應許之書

作　　　者　春花媽
選　　　書　譚華齡

編輯團隊
封面設計　Zooey Cho
內頁排版　高巧怡
責任編輯　劉淑蘭
總編輯　陳慶祐

行銷團隊
行銷企劃　蕭浩仰、江紫涓
行銷統籌　駱漢琦
業務發行　邱紹溢
營運顧問　郭其彬

出　　　版　一葦文思／漫遊者文化事業股份有限公司
地　　　址　台北市103大同區重慶北路二段88號2樓之6
電　　　話　(02) 2715-2022
傳　　　真　(02) 2715-2021
服務信箱　service@azothbooks.com
網路書店　www.azothbooks.com
漫遊者臉書　www.facebook.com/azothbooks.read
一葦臉書　www.facebook.com/GateBooks.TW
發　　　行　大雁出版基地
地　　　址　新北市231新店區北新路三段207-3號5樓
電　　　話　(02) 8913-1005
訂單傳真　(02) 8913-1056
初版一刷　2023年4月
初版三刷 (1)　2024年5月
定　　　價　台幣600元

ISBN　978-626-96942-2-8

國家圖書館出版品預行編目 (CIP) 資料

日日籤輪：春花媽宇宙籤輪的占卜與應許之書/ 春花
媽作. -- 初版. -- 臺北市：一葦文思, 漫遊者文化事業股
份有限公司, 2023.04
384 面；14X18 公分
ISBN 978-626-96942-2-8(精裝)
1.CST: 靈修
192.1　　　　　　　　　　　　　112004465

每本書是一葉方舟，度人去抵彼岸
www.facebook.com/GateBooks.TW
一葦文思
GATE BOOKS
一葦文思

漫遊，一種新的路上觀察學
www.azothbooks.com
漫遊者
漫遊者文化

大人的素養課，通往自由學習之路
www.ontheroad.today
on
the road
遍路文化‧線上課程